厉害了！

万里黄河

岳德军

洋洋兔 编绘

詹长法 审订

科学普及出版社

·北京·

目录

一图通晓黄河知识

黄河流经我国哪些地形区？
青藏高原、内蒙古高原、黄土高原和华北平原。

黄河是中国的第几长河？
第二长河，全长5464千米。

哪个遗址中出土了世界上最早的面条？
位于青海省的喇家遗址。

黄河在地图上看像什么字？
"几"字。

黄河流经我国的几个省区？
青海、四川、甘肃、宁夏、内蒙古、陕西、山西、河南、山东9个省区。

你家在黄河边吗？如果在，是哪个位置呢？

位于黄河上游，人称黄河"龙头"的水电站是哪一座？
龙羊峡水电站。

西宁市   湟水

龙羊峡   李家峡

在黄河源头分布着许多湖泊，你知道其中最大的两个高原淡水湖叫什么吗？

约古宗列曲

扎陵湖   鄂陵湖

青藏高原

"黄河之水天上来，奔流到海不复回"中的"天上"和"海"分别指的是什么？
巴颜喀拉山和渤海。

黄河在四川省境内形成了一个180°的大转弯，构成"黄河九曲第一湾"的美景，这是受何种影响形成的？
河水受高地阻挡形成的。

巴颜喀拉山
位于青海省青藏高原，黄河的发源地。

黄河九曲第一湾

现在我们种植的粮食作物
中，有三种起源于黄河流
域，你知道是哪三种吗？

小米、高粱、大豆。

有"塞上江南"美称
的平原是什么平原？

宁夏平原

三盛公水利枢纽
"万里黄河第一闸"

河套平原　　**内蒙古高原**

减少入黄泥沙的根本措施是什么？

水土保持。

银川市

在青海、甘肃、宁夏一带有
一种古老的渡过黄河的交通
工具，你知道是什么吗？

皮筏子。

黄土高原

"黄河西来决昆仑，咆哮万里
触龙门"和"鲤鱼跃龙门"中
的"龙门"在哪里？

龙门即禹门口，在山西省河津
市西北部的黄河峡谷中。

黄河上第一座真正意义上的
桥梁，被誉为"天下黄河第
一桥"的是什么桥？

兰州黄河铁桥。

刘家峡

兰州市

黄河奔涌途中穿城而过的
省会城市是哪一座？

唐朝开元年间的黄河铁牛被放
到了山西省的哪个古渡口？

蒲津渡。

—泾河

"八百里秦川"指的是哪个平原呢？

关中平原

渭河

渭南市

西安市

"城阙辅三秦，风烟望五津"
中的"三秦"描绘的是哪里？

长安（今西安）附近的关中之地。

开启黄河文明

在黄河流域发现的恐龙化石，来自距今 1.45 亿～ 6600 万年的白垩纪。那时候，恐龙是大地上的王者。

100 多万年前，受地壳运动的影响，黄河水系逐渐形成。黄河不仅将泥沙冲积成广阔的平原，还孕育了黄河儿女和华夏文明。

甲骨

骨笛

贾湖文化

公元前 6680—前 6420 年，已出现原始文字性质的符号。

蓝田猿人

距今 115 万～ 65 万年，生活在黄河流域的早期人类。

人头形器口彩陶瓶

大地湾文化

一期的年代为公元前 5800—前 5300 年，已经出现彩陶艺术。

裴李岗文化

公元前 5600—前 4900 年，已出现畜牧和耕种。

涡纹四系彩陶罐

马家窑文化

公元前 3800—前 2000 年，以彩陶文化著称。

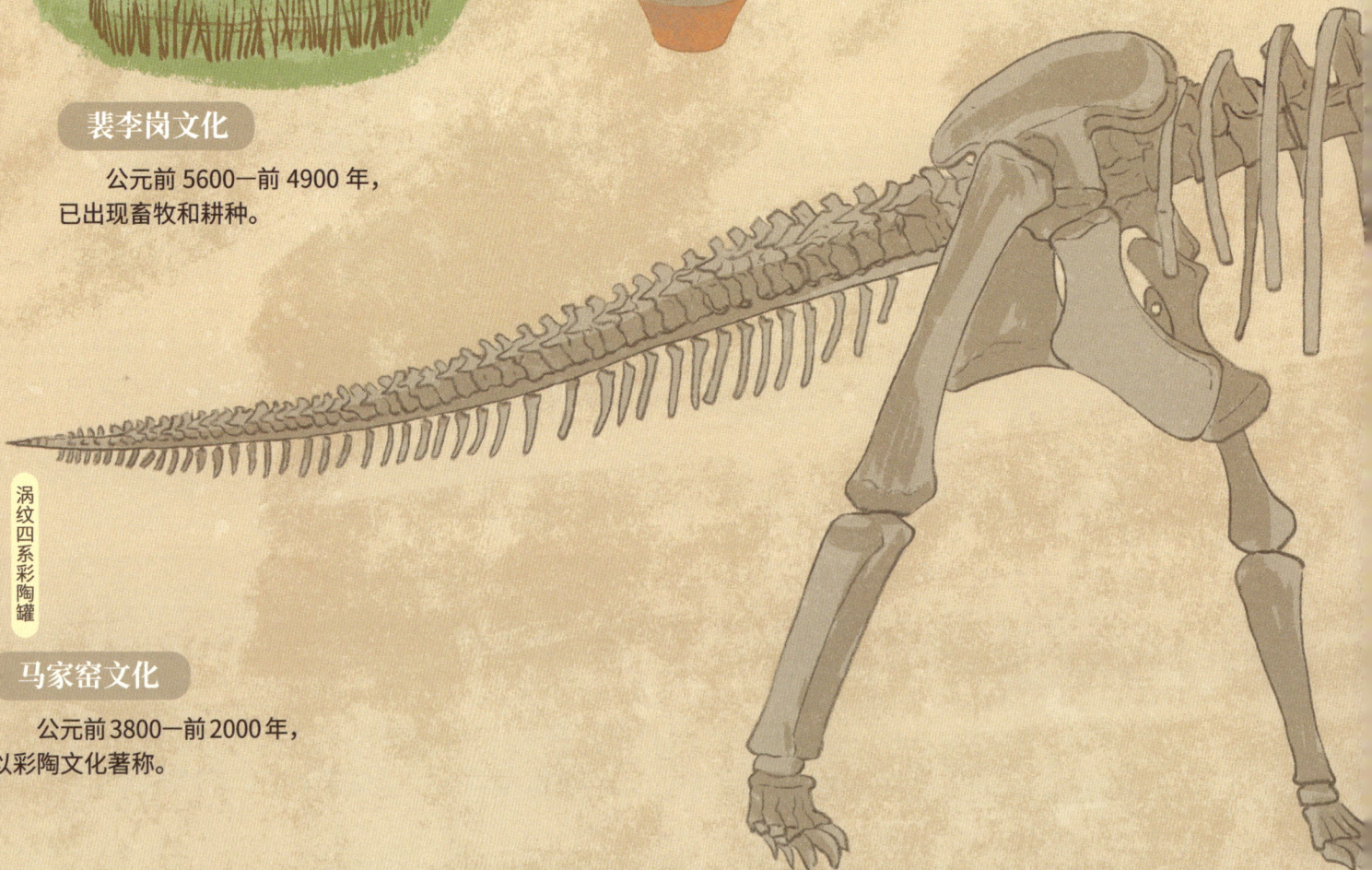

红陶兽形壶

大汶口文化

约公元前 4500—前 2500 年。

体长近 20 米的汝阳黄河巨龙

半坡人的生活

仰韶文化

约公元前 5000—前 3000 年，新石器时代重要考古文化。

黑陶蛋壳高柄杯

龙山文化

约公元前 2600—前 2000 年，曾被称为"黑陶文化"。

玉璧

齐家文化

约公元前 2000—前 1600 年。

青铜爵

二里头文化

公元前 18—前 16 世纪，所在地极可能是夏王朝后期的都城。

黄河流域留下的这些高密度的、连续的、先进的史前文化遗存，共同反映出沿黄地区农耕文明的发达，拉开了灿烂华夏文明的序幕。

哇！好大！

黄河上游

敦煌莫高窟

丝绸之路

炳灵寺石窟

昆仑玉

茶卡盐

青海湖

青海湖

黄河源头牛头碑

龙羊峡

西宁市

湟　水

大夏河

齐家文化遗址

扎陵湖

鄂陵湖

巴颜喀拉山

唐蕃古道

唐蕃古道

唐朝国都长安（今西安）和吐蕃都城逻些（今拉萨）之间的交通要道，文成公主远嫁松赞干布走的就是这条路。

坎布拉丹霞

黄河九曲第一湾

6

阴山山脉

阴山岩画

创作年代从新石器时代到近代，反映了阴山地区古代游牧民族的社会风貌。

西夏王陵

西夏历代帝王陵墓。

包头市

河口村

水洞沟遗址

中国最早发掘的旧石器时代的文化遗址。

贺兰山

兰州黄河铁桥

黄河母亲像

银川市

青铜峡市

景泰黄河石林

兰州市

洮河

刘家峡

刘家峡恐龙国家地质公园

马家窑文化遗址

青铜峡一百零八塔

王昭君

她的故事是诗词、戏曲、小说等的题材。

九寨沟风景名胜区

兰州拉面

约古宗列曲（玛曲）

这里有很多小水泊，约古宗列盆地西南的泉眼中的水流经时，将它们汇成涓涓细流，也就是黄河源头——约古宗列曲。

扎曲

卡日曲

卡日曲也曾被认为是黄河正源，藏语意思是"铜色的河"，它流经大面积裸露的红色泥土层，河水因裹挟着红色泥沙而呈红铜色。

巴颜喀拉山

巴颜喀拉山属于昆仑山脉。《山海经》中记载："出于昆仑之东北隅，实惟河源。"也许那时候人们就已经认识到巴颜喀拉山是黄河的发源地。

孕育了华夏文明的母亲河——黄河是怎么形成的呢？你也许想象不到，她的源头并没有"黄河之水天上来，奔流到海不复回"那样的磅礴气势，反而沉寂微弱，是从碗口大小的泉眼中冒出的一捧细流。然而正是这样的力量，跨越山川，汇聚湖海，成为咆哮万里的奇迹。

繁星诞生的河

星宿海

数以百计大小不一、形状各异的浅湖星罗棋布，在阳光的照耀下熠熠闪光，宛如漫天星辰洒落在青藏高原上。

扎陵湖

黄河携带着泥沙汇入扎陵湖，由于湖区风大水浅，水中沙粒沉淀不稳，所以湖水呈灰白色。

鄂陵湖

湖水呈青蓝色，黄河从湖的北面流出，水色墨蓝，清澈见底。

星宿海曾长期被认为是黄河源头，唐代的侯君集、李道宗等曾亲自到星宿海和扎陵湖，览观河源。直到清代，经过实地勘察，才确定玛曲是黄河上源。

黄河九曲第一湾

黄河在青藏高原上自西向东南缓缓流淌，然而到达四川省阿坝藏族羌族自治州若尔盖县时，河水受高地阻挡，来了个180度的华丽拐弯，又折回青海，形成了黄河九曲的第一湾。

黄河九曲第一湾

黄河为什么会突然拐弯？

黄河拐弯主要是受地形、地势影响。黄河流域多高山峡谷，遇到阻挡时，河水冲不过去，就拐弯绕行啦！

我们常听说"黄河九曲十八弯"，其实，黄河的弯远不止这个数字，所谓"九曲十八弯"只是一种概数的说法，形容黄河的蜿蜒曲折。

黄河有多"爱"拐弯呢？高山峡谷似乎还不够尽兴，在开阔的平原地带，黄河也尽情展现着弯道技术。

平原转弯主要是因为江河两岸的土壤结构差异，导致流水的冲刷与侵蚀力度不同，河流越来越弯曲。地球自转也会影响河流的流向，河流对靠近高纬度的河岸的冲刷要强烈一些。

白雾 当相对温暖的河水表面的水汽与干冷的空气遭遇时，河面上会升腾起白雾，形成云水景观。

折回青海的黄河，辗转流过青海和甘肃连绵的峡谷，在大夏河、洮河、湟水相继汇入黄河的狭长河谷地带，迎来了人类文明发展的曙光。

距今约 5800 年前，一些先民从中原地区迁徙到洮河谷地，繁衍生息。

他们继承了仰韶文化发达的制陶技术，利用黄河岸边厚积的黄土，创造了因彩陶而闻名的灿烂辉煌的马家窑文化。

姓　名：涡纹四系彩陶罐
年　龄：5000 多岁
出土地：甘肃省积石山县三坪村
文　身：翻卷的旋涡纹和波浪纹，表现出先民对黄河母亲的热爱
人生巅峰：被誉为"彩陶之王"

涡纹四系彩陶罐

马家窑类型彩陶上画着大量水波纹，表达的是先民对黄河水的崇敬和赞美。

姓　名：青铜刀
年　龄：5000 多岁
出土地：甘肃省东乡族自治县林家村
人生巅峰：迄今为止中国出土的年代最早的青铜器，被誉为"中华第一刀"

青铜刀

旋涡纹彩陶罐

半山类型彩陶上画着大旋涡纹和四圈纹，表明从水崇拜逐渐转向土地崇拜。

马厂类型彩陶上画着蛙神纹，表达了先民战胜水患、保护土地的殷切希望。

蛙神纹彩陶壶

这把青铜刀将新石器时代人们的生活状况和文明情况展现在现代的舞台上。

黄土之下 文明之上

马家窑文化形成后，沿着洮河、大夏河和湟水流域传播，公元前 2000 年，以马家窑文化为源的齐家文化形成了。齐家文化以玉器和青铜技术著称。

齐家文化白玉玉琮

在齐家文化的喇家遗址中，人们发现了 4000 多年前大洪水和地震灾害的遗迹，有学者认为遗迹中的大洪水是大禹治水传说中的洪水原型，但仍需找到更多证据来证明这一观点的真实性。

在喇家遗址中，还发现了世界上最早的面条。

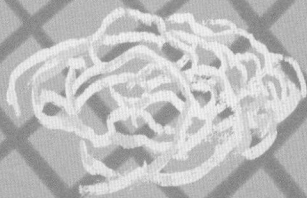

第一碗面

经过长达千年的金属冶炼，青铜冶铸技术逐渐成熟和普及。距今约 3000 年前，发源于齐家文化的卡约文化在河湟谷地发展起来。

鸟铃形铜杖首

西北偏北 渡过黄河

黄河撞入皋兰盆地的怀抱，在皋兰山和白塔山之间侵蚀下切，将兰州"劈"成两半，兰州因此成为黄河奔涌途中穿城而过的省会城市。

然而，这也留下了一个大难题：黄河水势如此湍急，两岸的兰州人要怎么渡过黄河呢？

别担心，兰州人有他们独特的方式——"吹牛皮"！

① 将牛或羊的皮囊完整地剥下来。

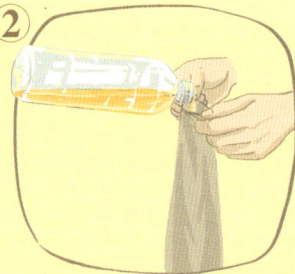

② 灌入适量清油、盐和水后，把皮囊的头、尾和三条腿的开口处扎紧。

这圆圆鼓鼓的皮囊，体现了古人的智慧呢！

是呀，这是古代中国人用智慧征服自然的又一次胜利。

可别小瞧这动物皮囊，它已经为人类服务上千年了，是古代黄河中上游运输人员、物资的重要水上工具。

③ 从未封口的那条腿向内吹气，使皮囊膨胀。

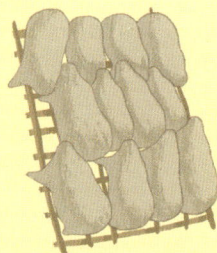

④ 将多个吹满气的皮囊排列捆扎在木框上，晾晒至颜色黄褐透明，皮筏子就做好了。

皮筏子虽然很轻，但载重一点儿也不含糊，一条由 12 张动物皮做成的皮筏子，能承载 1500 斤以上的货物。

划皮筏子的人被称为"筏子客"，他们都是经验丰富、熟悉黄河水性的老手。

筏子客

古代人为什么要用皮筏子渡河呢？

因为黄河的水流太急，货物从上游运到下游后，重量大的船只无法在急流中返航，走陆运回程也极其不便，而空的皮筏子很轻，单人就能扛回去。

也许有人会疑惑，渡河要准备这么多工具，人们为什么不在黄河上架桥呢？其实也是无可奈何，由于黄河水面宽，水势凶猛，又因为技术、经济和材料等方面的限制，此处很长时间里都没能架桥。

明洪武五年（1372年），出于军事目的，在兰州城西建起了扼守要津的"黄河第一桥"——镇远浮桥。

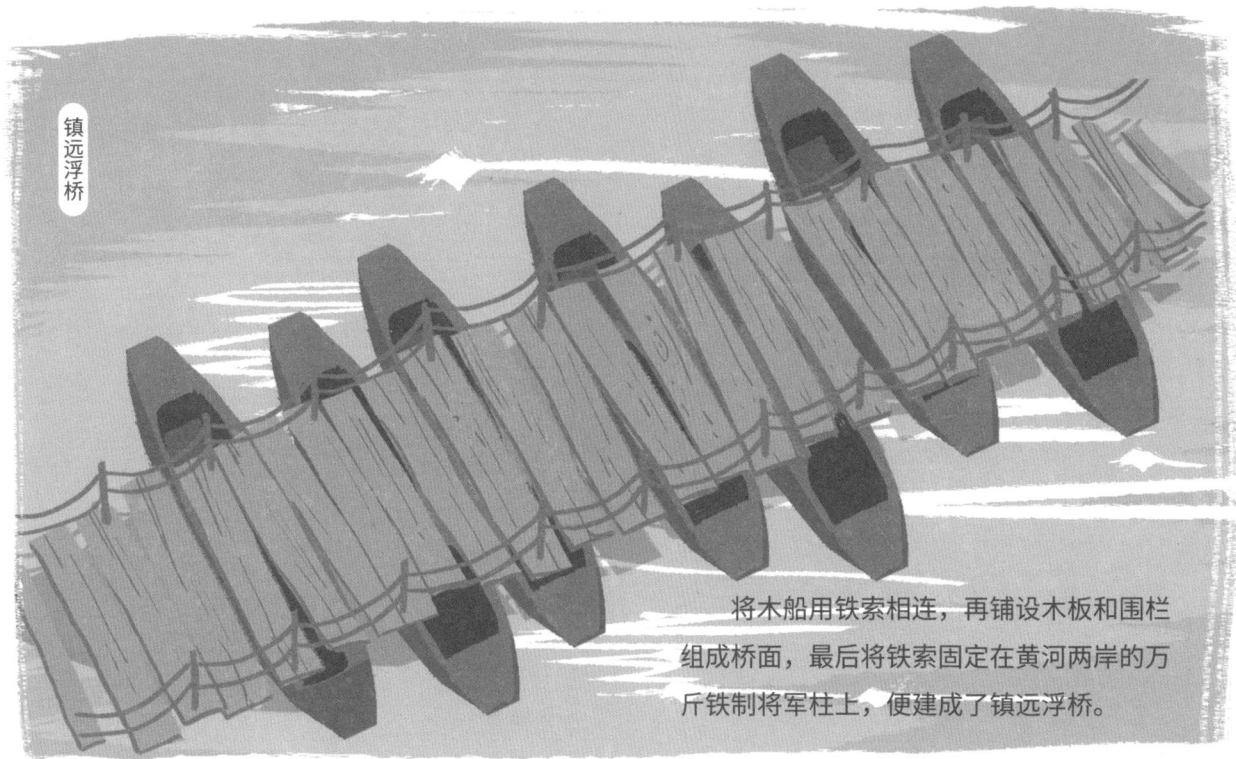

镇远浮桥

将木船用铁索相连，再铺设木板和围栏组成桥面，最后将铁索固定在黄河两岸的万斤铁制将军柱上，便建成了镇远浮桥。

然而，镇远浮桥受季节影响，有很大的局限性，木船漂动且连接不够牢固，黄河汛期时桥容易被洪水冲垮，所以每年春季搭起，冬季结冰前拆除。即便这样，它仍被誉为"边徼（jiào）之要津，千古之伟观"，可见在黄河上架桥有多难。

清朝末年，洋务运动兴起，黄河上终于架起了第一座真正意义上的桥梁——兰州黄河铁桥。这座桥由中国、美国和德国合作建成，全身钢架，被誉为"天下黄河第一桥"。从那时起，兰州人要渡过黄河就方便多啦！

水洞沟遗址

石器

宁夏枸杞

向日葵

河套蜜瓜

万顷黄金水

黄河流经兰州后一路向北，在被黄土重重包围的河套平原穿行时，竟奇迹般地仿佛来到了江南水乡。为什么河套平原会惊现江南风光呢？

河套平原一般分为"西套"和"东套"，"东套"又分为"后套"和"前套"。黄河被贺兰山和狼山等阻挡，转弯形成"几"字形，河水冲积的泥沙成为河套平原的沃土。山脉挡住了自西北而来的风沙和寒流。而且山的南麓雨水较为充沛，使得平原既可以耕种，又可以放牧，有"塞上江南"之称。

狼山　阴山山脉　大青山　后套平原　前套平原　贺兰山　西套平原　黄土高原

"江南风光"离不开水，河套平原的富庶依靠的还是黄河水。秦始皇派兵收复河套地区时，在那里屯垦戍边，开启了引黄河水灌溉的历史。

走西口

富庶的河套平原在因受灾而生活困苦的人眼中是块乐土。难民迁徙到这里的行为史称"走西口"。

16

阴山岩画
凿刻在阴山山脉岩石上的图像，有动物、人物、神像、精灵等图案。

贺兰山岩画
记录了远古人类放牧、狩猎、祭祀、征战、娱舞等场景。

此后，各朝代陆续修建了纵横交错、密如网织的灌溉渠，得益于这种得天独厚的引黄河水灌溉优势，再加上地势和土壤等优质条件，河套平原成为富饶的塞上米粮川，因此有了"万里黄河富一套"之说。

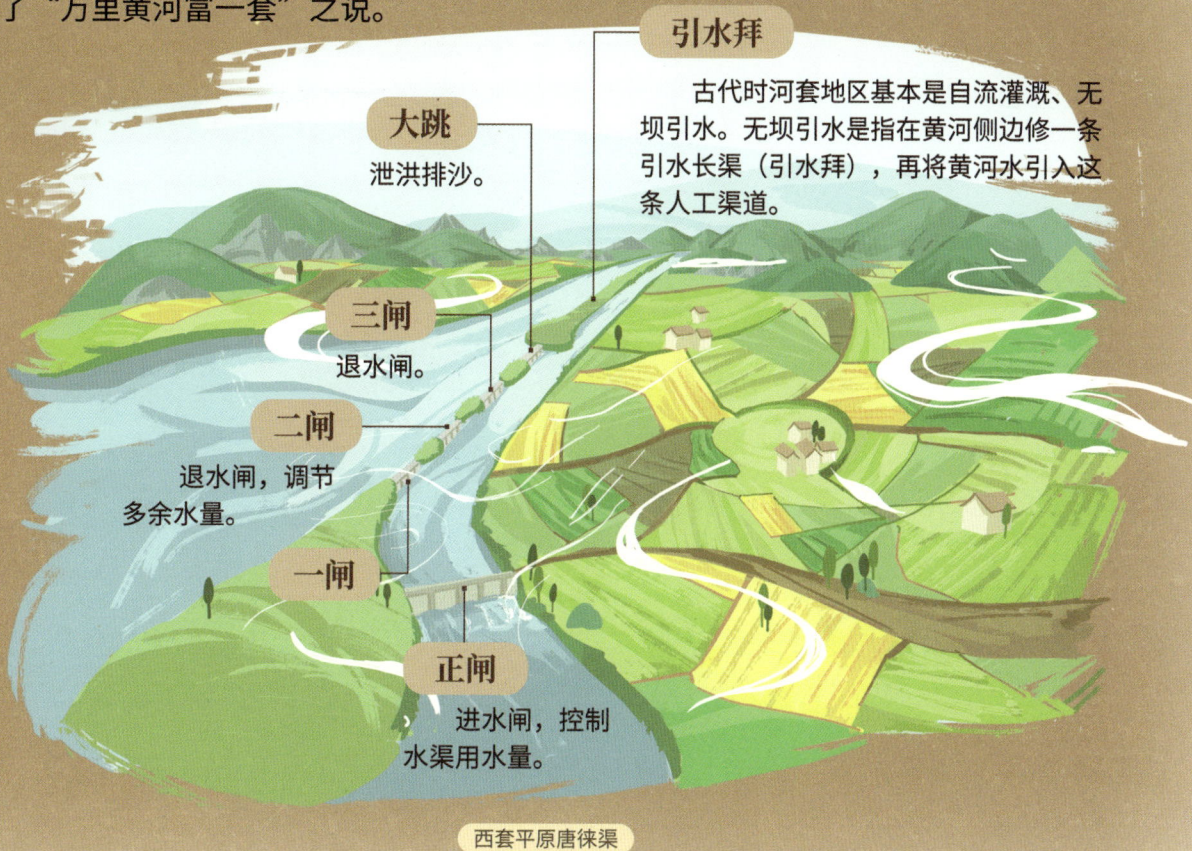

引水拜
古代时河套地区基本是自流灌溉、无坝引水。无坝引水是指在黄河侧边修一条引水长渠（引水拜），再将黄河水引入这条人工渠道。

大跳
泄洪排沙。

三闸
退水闸。

二闸
退水闸，调节多余水量。

一闸

正闸
进水闸，控制水渠用水量。

西套平原唐徕渠

水稻

小麦

玉米

高粱

屯垦戍边
屯垦戍边是指让士兵在边境驻扎下来，开垦田地的同时驻守边疆，是中国古代治边政策的主要内容之一。

它们生活
在黄河流域

红腹锦鸡

牡丹

银杏

中华秋沙鸭

大熊猫

蓝马鸡

蜀葵

珙桐

雪豹

梅花鹿

藏羚羊

金丝猴

野牦牛

朱鹮

羚牛

19

黄河中游

窑洞

黄土高原

鄂尔多斯高原

壶口瀑布

风陵渡

黄河古渡，连接晋、陕、豫三省，因附近有风后陵而得名。

大雁塔

为保存高僧玄奘从印度取回的经卷、佛像而修建。

泾

河

渭 河

华山

●西安市

秦岭

秦始皇陵

云冈石窟

云冈石窟始凿于北魏时期，是第一个由皇家授权开凿的石窟。

河口村

老牛湾

汾河

太原市

应县木塔

世界上现存最高、最古老的木塔。

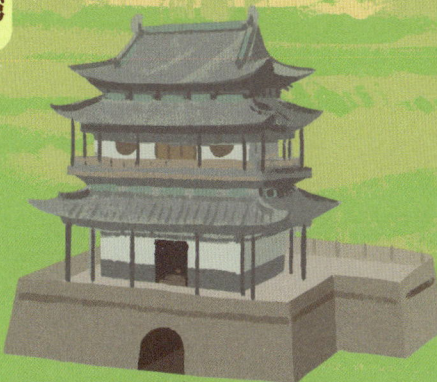

平遥古城

始建于西周时期，于1997年被联合国教科文组织列为世界文化遗产。

龙盘

陶寺遗址

永乐宫壁画

小浪底水利枢纽工程

黄河干流上的一座大型综合性水利工程，是治理、开发黄河的关键性工程。

桃花峪

运城市

三门峡市

洛阳市

嵩山

庙底沟遗址

彩陶盆

河洛

鹳雀楼

二里头遗址

夏商时期的文化遗址，出土的青铜爵是迄今为止中国最早的青铜容器。

龙门石窟

八水绕长安

在仰韶文化诞生后的数千年中，作为华夏文明起源地的黄河中下游流域长期是国家政治和经济的核心地区。长安（今西安）作为西周、秦、西汉、隋、唐等十三朝的古都，堪称华夏文明的博物馆。长安为什么能成为帝王青睐的王者之都呢？这离不开一个关键词——河流。

在长安城周围及长安城内穿流的河流有八条之多，分别为渭河、泾河、沣（fēng）河、涝河、潏（yù）河、滈（hào）河、浐（chǎn）河和灞（bà）河，统称为"长安八水"。

你怎么那么清澈？

渭河

泾河

你怎么那么混浊？

渭河

渭河是西安的母亲河，也是黄河最大的支流。八水之中，渭河汇入黄河，而其他七水都汇入渭河。

泾河

泾河是渭河最大的支流，泾河河畔是周朝的发祥地。《诗经·豳（bīn）风·七月》中的"七月流火，九月授衣。春日载阳，有鸣仓庚"，描写的就是周朝早期的日常生活场景。

渭河平原

河水汇入黄河之前，其中裹挟的泥沙在这里堆积，形成平坦肥沃的土壤，是我国重要的农业区。

当渭河和泾河相遇时，由于两条河的含沙量不同，会呈现一清一浊、互不相融的自然奇观，也就是人们常说的"泾渭分明"。渭河和泾河到底谁清谁浊呢？其实要看情况。

比如，春秋战国时期，秦国大力发展农牧业，致使渭河流域水土流失严重，河水混浊，而泾河上游的人们仍以游牧为主要生活方式，河水清澈。到了唐宋时期，泾河流域设立了大量郡县；垦荒种田，河水变浊，渭河流域则因为受到外族侵扰而导致人口减少，河水转浊为清。

司马相如在《上林赋》中写道："荡荡乎八川分流，相背而异态。东西南北，驰骛往来……"长安是被八水环绕的宠儿，八水构筑的天然密集的水网系统使这里水资源充沛，不仅奠定了周秦伟业，更成就了汉唐盛世。

秦岭

涝河

沣河

将西安作为都城最早可以追溯到西周。在沣河岸边，周文王和周武王分别修建了丰京和镐（hào）京，并称为"丰镐"。

潏河

滈河

只要办的是利国利民的好事，我就是一位出色的间谍！

让泾河闻名的，是战国时期韩国的一个"馊主意"。公元前 246 年，韩国为了消耗秦国国力，派了一个叫郑国的间谍去秦国，说服秦王嬴政在泾河和洛河之间穿凿一条渠，来发展秦国的农业。郑国渠将近十年才建好。韩王怎么也没想到，他的"疲秦之计"竟成了"肥秦之策"。

郑国

郑国渠

秦国渭河平原从此沃野千里，境内再无饥荒之苦，农业的发展也为秦国后来横扫六国提供了粮食保障。

洛河

黄河

秦楼月，年年柳色，灞陵伤别。

李白

灞河

春秋时期，秦穆公为了炫耀其霸业，给这条河改名为霸水，后称灞水。到了唐代，灞桥折柳送别变成了一种特有的习俗，灞水、灞柳、灞亭也在诗文里留下了印记。

蓝田猿人

午餐，别跑！

剑齿虎

浐河

距今约 6800 年前，现今西安东郊的浐河一带诞生了仰韶文化早期的半坡类型文化。

距今 115 万～ 65 万年前，灞水岸边居住着西安最早的居民——蓝田猿人。与他们共同生活的，除了大熊猫、剑齿象，还有凶猛的剑齿虎。

人面鱼纹彩陶盆

西安市半坡遗址出土

23

风尘刻画 黄土高原

把黄河水"搅黄"的罪魁祸首，非黄土高原莫属。黄土高原沟壑纵横，黄土覆盖面积大，为黄河贡献了几乎 90% 的泥沙，而且洪水、地震、滑坡、干旱、风沙、霜冻、虫害从不缺席，是世界上水土流失最为严重、生态环境最脆弱的地区之一。然而，这样的黄土高原却是华夏文明的摇篮。

数千万年前，由于地球板块运动，今青藏高原所处的地带从大海里向上隆升，隆升到足够的高度后，便阻挡了来自印度洋的温暖潮湿的水汽，使中国西北地区的气候发生了变化。

在黄土高原的形成原因中，比较流行的是"风成说"：中亚强劲的西北风卷起尘土，一路狂飙，到了黄土高原地区风力减弱，使得黄土沉积，经年累月，堆积成总面积达 64 万平方千米的黄土高原。幸好有太行山、秦岭等的守护，才阻挡了尘土继续向东南侵袭。

黄土峁
流水侵蚀加剧，黄土墚受侵蚀后形成的单个黄土丘陵。

黄土塬
黄土慢慢堆积，形成顶面平坦，边缘被沟谷侵蚀的典型高地。

黄土墚
长条状的黄土高地，可分为平顶墚和斜墚两种类型。

这地形看着就触目惊心，这里怎么会成为中国农业的发祥地呢？

原来，黄土绵软疏松，有助于原始人类用简单的木质、骨质或石质工具翻地耕种。而且，西北风每年都会送来"新鲜"的黄土，进行"自我加肥"，基本不用担心土地养分耗尽、无法继续耕种的问题。几千年前，黄土高原已广泛种植大麦、小麦、黍、稷等粮食作物。

> 黄土也有黄土的好处啊！

安塞腰鼓

流传于陕西省安塞区的传统舞蹈，源于在军事要地用腰鼓报警、助威等，特点是刚劲豪迈、磅礴厚重。

松软的黄土还便于挖洞。因为土层深厚，黄土高原上形成了特有的民居形式——窑洞。窑洞冬暖夏凉、坚固耐用，还能躲避猛兽的袭击。在当地，至今仍保留着历史悠久的窑洞。苍茫豪迈、孤寂悲壮的黄土地影响着人们的性格，产生了以信天游、安塞腰鼓为代表的黄土文化。

信天游

陕北一带的民歌，具有山歌的特点，曲调淳朴、高亢且悠长，内容大多反映劳动和爱情生活。

靠崖式窑洞

独立式窑洞

下沉式窑洞

千里黄河一壶收

"盖河漩涡，如一壶然。"黄河沿着晋、陕两省间的峡谷奔流南下。到了壶口，原本 300～400 米宽的河道，突然急剧缩窄到 30～50 米，河水猛然从落差 20 米的陡崖上倾泻下来，黄涛滚滚，形成"千里黄河一壶收"的壮观景象。

黄河西来决昆仑，咆哮万里触龙门。

李白

流速如此快，水量如此大的黄河水被堵在狭窄的河谷里横冲直撞，难怪会泛滥成洪灾呀！

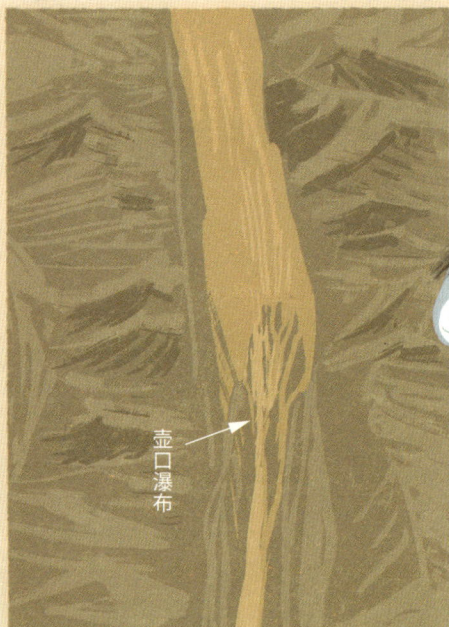

壶口瀑布

大禹

相传大禹为了治理黄河水患，在壶口瀑布的下游开凿龙门山，拓宽峡谷，疏通河道，才让黄河水顺畅地流出。因此，龙门又被称为"禹门口"。

壶口瀑布不仅会"咆哮"，还会"行走"呢！黄河湍急的水流中裹挟着大量泥沙，不断冲刷、侵蚀着壶口瀑布的跌水（编者注：跌水是指渠道或排水沟通过有集中落差的陡坎时，衔接上、下渠道或沟的建筑物）位置，河床抗蚀力又弱，使得壶口瀑布以每年约 0.5 米的速度向上游缓慢后退。

你知道吗，黄河汛期时，壶口瀑布每秒的流量能达到 2000 立方米，不到 2 小时就能灌满西湖！

太壮观啦！

穿越四千年的光

该播种了！

夯土柱

陶寺古观象台是已发现的世界上最早的观象台。站在规定的观测点，通过柱间狭缝观测日出方位，就能知道季节和节气，比如在从右至左第二个狭缝看到日出为冬至日，在第十二个狭缝看到日出为夏至日。

在山西省临汾市的陶寺遗址中，呈扇形排列着十三根巨大而又神秘的夯土柱。

6月初，一道明媚的光自下而上地从夯土柱列左边第二个狭缝中划过，4000多年前的景象仿佛再现眼前：气温攀升，雨量充沛，农民正踩在泥田里，一边插秧，一边畅想着丰收的喜悦。

那时候，人们已经懂得通过观察日出方位来推测季节及节气，进而安排耕种和收获的时间。这与《尚书·尧典》中"乃命羲和，钦若昊天，历象日月星辰，敬授民时"的记载相符。依据出土文物，考古工作者认为那时的人们能够利用圭表仪器测量太阳的影子，制定太阳历法，甚至寻找"地中"（天地的中心）。

从陶寺村沿着汾河北上，来到今天洪洞县所在的地带，那是尧舜时期的百姓繁衍生息的地方。明朝初年，受战争和自然灾害影响，很多地方赤地千里。为了恢复生产，使人口分布均衡，皇帝采纳了"移民"政策——从山西向地广人稀的地方大规模移民垦荒。移民出发前都会在洪洞县大槐树下集合。大移民的迁徙人口数量超过百万，涉及约 800 个姓氏和近 18 个省市。

　　如今，移民后裔纷纷回到洪洞县大槐树下祭拜，寻根问祖，探寻华夏文明的发源地。

每到夏秋季节，山西运城盐湖就会"画上"新妆，色彩斑斓仿佛彩虹一般。

运城盐湖古时被称为解池，它"七彩变身"的秘密是什么呢？湖中的含盐量非常高，夏秋季节气温上升，水分蒸发，湖中钾、钠等成分的浓度增加，再加上光线作用，就形成了"七彩盐湖"的奇观。

冬季天气寒冷时，盐池中的硫酸钠会在盐板上结晶成美丽的"硝花"。

盐湖中的含盐量非常高，也就是浓度非常高，液体浓度越高，其浮力越大，盐湖中液体的浮力能让人自然漂起。

噔噔噔！看我的轻功水上漂！

摆拍完就出来吧！在高浓度的盐水中浸泡时间过长，可能会导致脱水！

南风之薰兮，可以解吾民之愠兮。南风之时兮，可以阜吾民之财兮。

虞舜

解池不仅有惊人的"盐值"，还有逆天的财富值。

早在尧舜禹时代，帝王就在靠近盐池的地方建都，利用产盐的优势发展生产。相传虞舜弹唱《南风歌》，期盼和赞美南风吹拂盐池，给百姓带来财富。

晋国的猗顿原本是春秋时代的贫寒书生，通过畜养牛羊赚了第一桶金，后又依靠贩盐成为战国时代的巨富。他对河东池盐的开发起了十分重要的作用，在山西商业发展史上占有重要地位，被尊为"晋商鼻祖"。

猗顿

陕西秦商和山西晋商靠经营盐业快速崛起，经营种类也从盐、铁、丝绸发展到多种门类。大批货物沿黄河而下，敏锐的晋商在南下贩盐时还找到了新的商机——南茶北运。晋商发现俄罗斯人爱喝茶，便精心挑选南方的茶叶，不远万里送至中俄边境的恰克图。

旱地行船

黄土高原沟壑纵横，在陆路交通尚不发达的古代，盐商怎么把盐运出去呢？黄河是沟通南北的天然航道。然而，黄河也有水势凶猛的地方，比如壶口瀑布。船只每到那附近，都要停船卸货，用人力将空船从河中拖上岸，再将货物装船，用拉纤的方式将船拖过险滩，再将船重新推入河中航行，这就是旱地行船。

万里茶道

山西的茶商在福建省的武夷山采买，通过水、陆渠道运抵汉口（今武汉），至襄樊（今襄阳），转唐河北上，过雒阳（今洛阳），渡黄河，入晋地（今山西），经晋城，到太原、大同，再经张家口或归化（今呼和浩特），用骆驼运输，穿越戈壁沙漠，运至库伦（今乌兰巴托）、恰克图，与俄、蒙商人进行贸易。货物经由俄、蒙商人到达莫斯科。

俄罗斯气候寒冷，水果、蔬菜匮乏，饮食以肉类为主。所以，俄罗斯人喜欢通过喝茶来驱寒和补充维生素。

虽然长途跋涉很辛苦，但是走一趟可以赚3倍的利润，也值了！

你知道"华夏儿女"这个称呼是怎么来的吗？我们祖先的生活又是什么样的呢？也许，从仰韶文化中我们可以找到一些线索。

距今 7000～5000 年前，我们的祖先在黄河中游建村落，事农桑，抟（tuán）土制陶。1921 年，祖先的遗存首次在河南省三门峡市渑池县城北的仰韶村被发掘，这一考古学文化因仰韶村而得名。

仰韶文化中最为典型的类型是以庙底沟文化为代表的中期文化，这时的陶罐纹样主要为花瓣纹，被称为"华夏之花"。

甲骨文中有"华"字而没有"花"字，《说文通训定声》中记载："开花谓之华，与花朵之华微别。"就是说"华"的本义是开花。如果说华夏文明像花朵一样次第盛放，那它的根脉大概就是仰韶之"花"了。

花瓣纹彩陶盆

三门峡庙底沟遗址出土

庙底沟的彩陶采用泥条盘筑法制作，流畅的图案线条表明当时的人可能使用狼或鹿类的毛制成了长锋硬笔，近似现在的毛笔。彩陶一器一绘，每件上的图案均不相同，它们的创造者无疑是那个时代的"潮流达人"。

制造这些漂亮陶器的祖先是谁呢？有的考古学家认为，他们可能就是传说里的炎帝部落和黄帝部落。

仰韶之花开中国

炎帝尝百草

相传约 5000 年前，在仰韶文化所分布的黄河中下游流域，炎帝制造耕种工具，亲尝百草；黄帝带领百姓种植粮食，制作衣服，制造舟车，制定历法并编写医书。

在仰韶文化遗址中发现了大量的粮食作物、陶器和农耕石器等遗存，也许这些就是炎帝部落和黄帝部落留下的痕迹。

农业的发达和生活的富足让各部族得以繁衍壮大，同时也将仰韶文化传播到更广的范围，使其成为中国史前文化的巅峰。黄河流域的马家窑文化、龙山文化、齐家文化都受到过它的影响。

与仰韶文化同期存在的，还有黄河下游的大汶口文化。生活在那里的是蚩尤部落，他们因为利益冲突与黄帝、炎帝部落爆发大战——涿鹿之战，最后炎帝部落和黄帝部落共同击败了蚩尤部落。战后，炎帝、黄帝部落相互融合，形成华夏族，后代以"炎黄子孙"自称。

涿鹿之战

天地之中在嵩山

我要在天室山（今嵩山）上祭祀上天，告知殷商已亡，并祈求上天保佑我大周。

周武王

周武王伐纣后，要到"天地之中"去祭天，来证明王权的合法性来源于天。

贤弟，既然天室山是"天地之中"，不如依天室，定天保，在这山脚下的洛邑（今洛阳）建立新的都城，还能控制殷商的旧地。

周公

迁都是件大事，涉及王公贵族的利益，必须谨慎行事！

臣弟明白了。

这卦象的意思是，王者必居天地之中。

圭表示意图

周公用圭表之法"测影立中"，在夏至、冬至测影。设定标准，即夏至这一天日影长一尺五寸，冬至这一天日影长一丈三尺五寸的地方是"天地之中"。于是，他在多地设立圭表，发现登封阳城的圭表恰好符合这一标准，周公认定这一带就是"天地之中"。

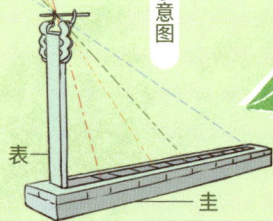

表

圭

国都三百里内为王畿，洛邑距此一百多里，在王畿之内，咱们迁都洛邑。

洛邑

皇考灭商后曾告祭于天说："我入住到天地的中心，在此统治民众。"

周成王

说得太好了，我要把这些话铸到铜尊上。

何

何尊铭文中"宅兹中国"，是"中国"一词最早的文字记载。

何尊

铭文

"中国"的甲骨文

唯武王既克大邑商，则廷告于天，曰："余其宅兹中或（国），自之乂民。"

塔林 少林寺历代高僧的墓塔。

永泰寺

嵩岳寺塔

法王寺

少林寺

三皇寨

司马光、范仲淹、程颢、程颐、朱熹等曾在此讲学。

嵩阳书院

周公在此处建测景台测算"天地之中"。元代时，郭守敬在测景台侧建立观星台，它见证了中国历史上施行最久的历法——《授时历》的测量演算史。

周公测景台

观星台

相传，在周公测"天地之中"之前，大禹就以嵩山脚下的阳城为国都，建立了我国历史上第一个王朝——夏朝。周王迁都洛邑后，以嵩山为中央，左岱（泰山）右华（华山），为"天地之中"，称嵩山为"中岳"。2010年，嵩山地区的登封"天地之中"历史建筑群作为文化遗产被列入《世界遗产名录》。

武则天也曾在嵩山封禅，还把嵩阳县改为登封县，把阳城县改为告成县，意思是登山封禅大功告成啦！

嵩山物华天宝，人杰地灵，在这里许愿，会不会美梦成真？

35

神都不夜

天堂
武则天的礼佛堂，又称"通天塔"。

明堂
又称"万象神宫"，是紫微宫的正殿。

武则天

紫微城
紫微城是隋、唐、武周帝国的大朝正宫，即皇宫。

应天门
朝廷举行登基、改元、大赦、宴会及接见万国来使等外朝大典的重要场所。

踏歌
风靡唐代的一种歌舞结合的集体舞蹈形式。

灿烂，咱们如果跳得好，就有机会得到奖励和圣上的接见！

天枢
武则天的纪功柱，寓意"天下中枢"，象征世界中心。

黄河从秦晋大地奔腾而下，来到居"天地之中"的河洛地区。《晋书》中记载："土则神州中岳，器则九鼎犹存。"后人注："神州，洛阳也。"可见，以洛阳为中心的河洛地区可用"神州"指代。从中国第一个王朝——夏朝开始，十三个王朝先后在这里建都。

武则天称帝后，建立武周王朝，改东都洛阳为神都。神都洛阳一时辉煌至极。

接汉疑星落，依楼似月悬。别有千金笑，来映九枝前。

卢照邻

拔河比赛古时曾被称为"牵钩之戏"，相传起源于春秋时期。

焦馆（duī）是古时的一种油炸的饼。

我们去寺院看傩（nuó）事活动吧！

好呀！还可以听禅、品尝梨花蜜呢！

傩面

唐代上元节的美食还有面茧、丝笼、火蛾儿、玉粱糕、餺飥（bì luó）等。

我要蟹黄口味的！

我要樱桃口味的！

餺飥

放夜

唐朝实施宵禁政策，黄昏时候街鼓声响，百姓不能出门，否则会被巡逻士兵抓走。不过，上元节时会"放夜"三天，准许百姓整夜通行，可以通宵达旦地狂欢。

百戏

杂技表演。唐代有走绳、戴竿、舞马、斗鸡等很多花样。

上元节夜晚，女子相约出游，见桥必过，认为这样能祛病延年，即"走百病"。

平时，洛河上的三座桥夜间都会用铁链和铁锁拦住，上元节期间会全部打开。

一口价，二百文。

唐三彩

盛行于唐代的一种陶器，釉彩有黄、绿、白、褐、蓝、紫等色彩，以黄、绿、白三色为主，因此得名"三彩"。

极尽繁华后的 浮生愿

洛阳城南伊河入口处两岸的峭壁上，一尊尊雕刻精美、表情生动的石窟佛像气势磅礴，与洛阳的无尽繁华相辉映。这就是被誉为世界上最伟大的古典艺术宝库之一的龙门石窟。

龙门石窟的开凿始于北魏迁都洛阳前后，开凿工作延续至唐代。龙门石窟西山阙口南侧有一组规模最大、雕刻艺术最为精湛的群雕，由唐高宗李治与皇后武则天主持修建而成，因隶属皇家寺院奉先寺而被俗称为"奉先寺"。龙门石窟中知名度最高的卢舍那大佛就在这里。据说，皇后武则天当时捐助了两万贯脂粉钱开凿此窟。

卢舍那大佛丰满圆润、慈祥典雅，且面带微笑，被外国游客誉为"东方蒙娜丽莎"，民间流传这是按照武则天的面容雕凿的。

云冈石窟的佛像体现的是"瘦骨清像"风格，而龙门石窟造像受唐代审美影响，大部分佛像更加圆润，线条细腻流畅。

这里的佛像与我在云冈石窟看到的似乎有些不同。

这就是我们中原独特的"大唐范"！

盛唐时，一文钱能买一个烧饼。一贯钱是一千文，两万贯的购买力约等于现在的……

这大佛甚得吾心。

换算一下，现在的烧饼是一元钱一个，那就是两千万元！

38　编者注：本页中卢舍那大佛的双臂为推测样式，现实中大佛为断臂状态。

"黄河三尺鲤，本在孟津居，点额不成龙，归来伴凡鱼。"传说，鲤鱼跃龙门的地方就是龙门石窟所在的龙门山附近。大禹治水时曾开凿龙门山，使伊水（今伊河）不再受阻，与洛水（今洛河）汇合后，一起注入黄河，从而解决了水患问题。

龙门自古为交通要冲，兵家必争之地，且山清水秀，岩体石质优良，宜雕刻，所以古人选择在这里建造石窟。

自东汉以来，洛阳在很长一段时间里都是中国佛教的中心，洛阳的白马寺是佛教传入中国内地后兴建的第一座寺院。

相传白马寺建于东汉时期，为了纪念"西天取经"的使者用白马驮载佛经、佛像返回洛阳的事迹，取名"白马寺"。

黄河下游

赵州桥

殷墟
商代后期都城遗址，因出土甲骨文而闻名。

龙山文化
黑陶蛋壳镂孔高柄杯

桃花峪

杜甫故里
诗圣杜甫出生和少年时期生活的地方。

开封市

郑州市

祐国寺塔
建于 1049 年，在开封屡次被黄河淹没后依旧巍然屹立，有"天下第一塔"之称。

趵突泉

渤 海

黄河三角洲

莱州湾

蒲松龄故居

淄博市

济南市

大明湖

千佛山

佛教盛行，隋开皇年间随山势雕刻了数千佛像，故称千佛山。

东平湖

古梁山泊残留部分，《水浒传》中的八百里水泊遗存水域。

大 汶 河

大汶口文化

白陶鬶（guī）

曲阜市

五嶽獨尊

泰山

孔庙

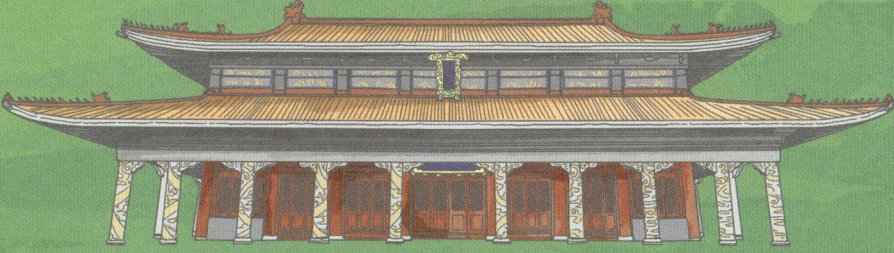

被淹惨的东京梦华

积木可以一层一层地叠起来，城市也可以吗？当然可以！在七朝古都开封的地下，整整叠了六座城池！甚至还流传着这样一句谚语——开封城，城摞城；地上城一座，地下城几层。这一切只因为开封头顶上"悬"着一条性格飘忽不定的黄河！

大梁、汴州、东京和汴京都是开封在古代的不同叫法。

战国时期魏国大梁城

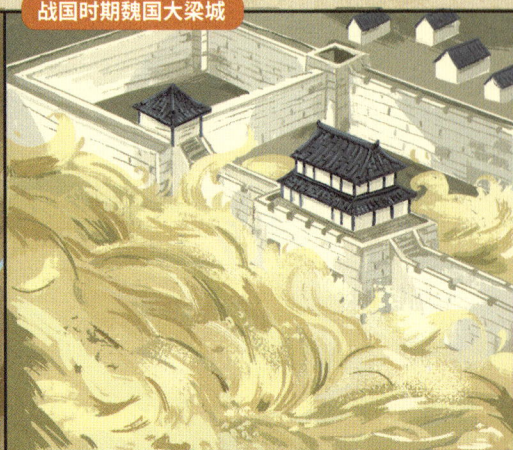

战国时期，魏国为了壮大实力，迁都黄河之畔的开封，时称大梁。魏惠王为了方便农业灌溉和军事运输，开凿运河——鸿沟，连接黄河和淮河水系，使大梁城一跃成为水陆交通枢纽。

鸿沟给大梁城带来百年繁荣，也带来了可怕的覆灭。公元前 225 年，秦国攻打魏国时引黄河水入鸿沟，把大梁城淹没了。

隋唐汴州城

输水附赠泥沙款增高垫！

隋唐时，大运河开通，其中通济渠（汴）连接黄河，几乎分走了黄河约 1/3 的水量，同时带走了黄河水携带的巨量泥沙。时称汴州的开封城随着漕运的兴盛，迅速升级为水陆大都会。

北宋东京城

据史书记载，宋仁宗时黄河南侵，朝廷募发丁夫三万八千人，派遣士兵二万一千人，拨缗（mín）钱五十万串，才解决了决口问题。

开封的荣耀在作为北宋都城时达到巅峰。当时东京城内的人口数量达 150 万，史书上以"八荒争凑，万国咸通"来描述它的繁荣。

维持东京繁华的正是贯穿全城的河流。当时，汴河、蔡河、五丈河、金水河四水贯都，从传世名作《清明上河图》中可以窥见其中盛景。

然而，因淤沙问题，黄河水位不断抬高，东京赖以生的繁密水道反而成了黄河泄洪的最佳渠道，"一言不合"就开启淹城模式。

清朝开封府

1841 年，黄河决口，洪水围了开封城 8 个月。水退后，城外淤泥高 3 至 4 米，城内直接变成了盆地。林则徐前往开封解决决口问题，主持搭建了防洪堤，使黄河归故道。

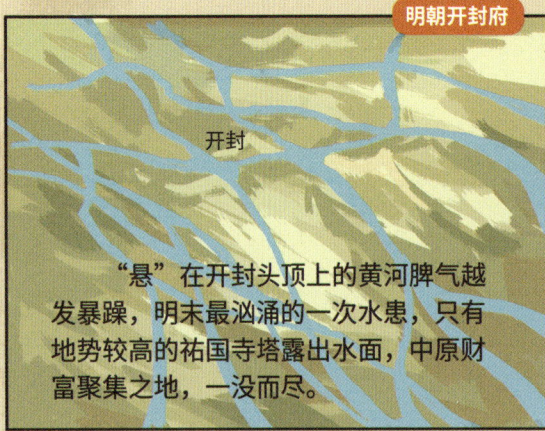

明朝开封府

开封

"悬"在开封头顶上的黄河脾气越发暴躁，明末最汹涌的一次水患，只有地势较高的祐国寺塔露出水面，中原财富聚集之地，一没而尽。

南宋时期，东京城守军为了阻止金军追击，竟然掘开黄河，导致黄河改道，夺淮入海。金朝迁都开封时，开封已由汴河更名为南京，且汴河已经变成地上悬河。

祐国寺塔

金朝南京城

黄河大堤

黄河

大于 7 米

现代开封城

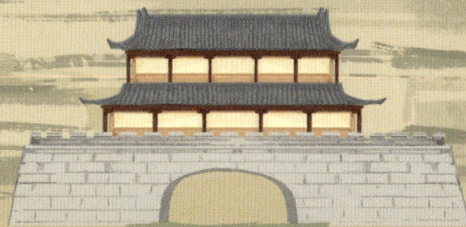

清朝开封府

明朝开封府

金朝南京城

北宋东京城

唐朝汴州城

战国时期魏国大梁城

冲出黄淮海平原

黄河下游的华北平原亦称黄淮海平原，是中国三大平原之一。如今，华北平原上居住着中国约 1/4 的人口，拥有全国约 1/5 的耕地面积。

令人不可思议的是，这么大的华北平原竟然是被黄河冲出来的！

黄河是怎么做到的呢？

一百多万年前，刚"出生"的黄河被高山峡谷堵在陆地之中，华北平原一带还是汪洋大海。

黄河

太行山

??? 嗯？

来自西北的大风裹挟着沙尘，泥沙在黄土高原不断堆积。

哎哟，不错哦！

伏牛山

你不要过来啊！

嘭嘭！！

经过漫长岁月的积累，黄河终于撞破峡谷，带着从黄土高原冲刷而来的大量泥沙，冲向了大海的怀抱。

哇，终于可以出来晒太阳啦！

这些泥沙在入海口堆积，形成了巨大的冲积扇。厚厚的泥沙逐渐把华北平原所处的海洋淤平。在河南东部地区，泥沙沉积厚度甚至达到 5000 米。

河水在上游通过侵蚀作用裹挟泥沙，到了地势较低的下游，流速减缓，泥沙也随之沉积，形成冲积平原。世界上几乎所有的大型平原都是冲积平原，比如华北平原、尼罗河三角洲平原，甚至面积达 560 万平方千米的亚马孙平原。

黄河冲积形成了华北平原，为人们的定居、文明的发展奠定了基础，是包罗万象的"母亲河"，但她有时有点儿暴躁。

据文献记载，黄河在 1949 年以前的 2500 多年间不断"发脾气"，泛滥次数至少有 1500 次。这导致黄河在华北平原上"横冲直撞"，淤塞了无数的河流与湖泊。

泥沙，就是我来过的证明！

黄河下游的河道总是摆来摆去，入海口自然也跟着变来变去。黄河每年携带的泥沙，约 3/4 被冲入渤海湾，以惊人的速度填海造陆。

1972—1976 年新增的陆地

1855—1972 年泥沙沉积而形成的陆地

1976—1996 年新增的陆地

黄河的输沙量这么大，而渤海的面积是有限的，未来黄河会填平渤海吗？

曾有学者估算，假如黄河能保持年均 16 亿吨的输沙量，不出 500 年，渤海就可能被填平。

唉，泥沙被人类拦截，我已经填不动渤海了。

渤海并不是一个封闭的水坑，它自己也在缓慢下沉，再加上海平面也会上升，这样就给泥沙留下了堆积空间。当然，最重要的还是 20 世纪 50 年代以后，经过对黄河的一系列治理，生态环境有所改善，黄河的输沙量也呈现出断崖式减少。

如果仔细观察黄河改道图，你会惊奇地发现，无论黄河如何肆虐，有一个地方几乎不受影响，那就是山东。

守护山东万年安澜的正是屹立在大地东方的五岳之首——泰山。黄河遇泰山而绕行，留下的泥沙经年累月沉积，为沿岸居民带来了肥沃的土地。周朝建立后，武王为了巩固政权，分封诸侯，建立诸侯国。周公在泰山之南建立鲁国，姜太公在泰山之北建立齐国。齐鲁两国地域相邻，文化交流密切，逐步形成独特的齐鲁文化圈。

孔子

孔子是春秋末期的思想家，儒家学派的创始人，鲁国人。他创办私学，主张"有教无类"，倡导"仁、义、礼、智、信"，诲人不倦，相传先后有弟子三千人。

《庄子·渔父》这样描绘孔子与弟子相处时的情景："孔子游乎缁帷之林，休坐乎杏坛之上。弟子读书，孔子弦歌鼓琴。"

孔林是孔子的墓地，后成为孔子及其后裔的家族墓地，现已有坟茔（yíng）十万余座。

孔庙

孔子去世后的第二年，鲁国国君下令把孔子在国都曲阜的故居建为追悼祭祀的祠庙，里面陈列着孔子生前使用过的物品。随着历代帝王对孔子的倍加推崇，孔庙数量在各州县也变得越来越多。

孔林

孔府

孔府是孔子后裔直系子孙衍圣公的住宅。府内存有大量珍贵文物和近万卷明清以来的文书档案。

泰山安澜 齐鲁兴焉

泰，意为极、善、安宁，且古时有"泰山安，四海皆安"的说法，泰山因此成为百姓崇拜、帝王告祭的神山。据统计，自秦始皇时期到清代，先后有13位帝王亲登泰山封禅或祭祀，山体上留有碑碣（jié）、摩崖石刻2000多处。

泰山石刻

荀子

战国时期，齐国国君在国都临淄（今淄博）附近设置了稷下学宫。这是世界上第一所官办的高等学府，学术氛围空前自由、活跃。无论国别、流派、年龄、资历如何，文人学者都可以自由发表自己的见解。

中国学术思想史上蔚为壮观的"百家争鸣"，就是以稷下学宫为园地的。相传，儒家学派的孟子曾长期在齐国居住，并在稷下学宫研究学问。荀子曾三次出任稷下学宫的祭酒。

奔赴万里 终入海流

经过 5464 千米的奔流跋涉，黄河终于入海啦！黄河现在的入海口在山东省东营市，地处渤海与莱州湾的交汇处，是 1855 年黄河决口改道而成的。黄色的河水与蓝色的海水相融，与红色的滩涂相映，宛如大自然神奇的生态画卷。

受潮汐影响，大海不断冲蚀陆地，黄河入海口周边的潮滩上形成了树枝状的潮沟，也被称为"潮汐树"。

黄河入海口每年都会向渤海推进，大面积浅海滩涂和湿地成为鸟儿的"梦想之地"，每年在这里越冬、繁殖、栖息的鸟类，包括丹顶鹤、白鹤、中华秋沙鸭、白尾海雕、大天鹅、黑嘴鸥等，达数百万只。

芦苇耐盐碱，可以保土固堤，消减海浪的冲刷作用。黄河入海口有数十万亩芦苇，春夏时把海岸染成一片翠绿，秋季又芦花飞雪，仿佛海上涌起的白浪。

这种植物叫翅碱蓬，原本是绿色的，入秋转红。黄河入海口受海水侵蚀，土壤含盐量高，翅碱蓬可以吸收土壤中的盐分，改善土质。

黄河入海口附近盛产黄河刀鲚（刀鱼）、中国明对虾、文蛤、虾皮、梭子蟹、鲈鱼等名优海产品，有"百鱼之乡""黄金海岸"的美誉。

黄河三角洲的地下油气资源丰富，是我国重要的石油工业基地——胜利油田的主产区，累计探明石油地质储量50多亿吨。

黄河的「暴脾气」从何而来？

黄河河务局病理会诊报告

- - - - - - - - - - - - - - - - -

姓名：黄河

性别：女

年龄：约 120 万岁

患者自述

曾经，我也是很温柔的。我出生时，河水清澈，性格温和，勤劳能干。两千多年前，孔子见到我时还曾夸奖过我。

可是，受我哺育的子民在黄河流域繁衍生息，却反而来破坏我周围的森林和草原，导致河水越来越混浊，我非常生气。

近千年来，我的脾气越来越暴躁，失控后，都不知道自己做了什么。

黄河"脾气频发期"主要集中在四个时间段。

伏汛

这是黄河最主要的汛期。夏季七至八月，黄河流域降下暴雨或雷雨，使水位急剧上涨，暴发洪水。历史上黄河下游的频繁决口改道大多是伏汛引起的。

秋汛

秋汛多发生在九至十月，多为强连阴雨时的暴雨所致，这时的雨虽不如夏季暴雨大，但是持续的时间长。

凌汛

凌汛主要发生在黄河的"几"字弯上。冬季，黄河的许多河段都会结冰封河。但纬度高的地区温度低，所以对这个河段而言，春季上游解冻开河时，下游还处于封河状态，融水会冲击下游的狭窄河段，极易形成冰塞，堵塞河道，最终导致上游水位急剧升高，形成凌汛。

桃汛

早春三月，黄河上游解冻融化，形成洪水，流到中下游时，赶上晋陕峡谷的桃花盛开，因而得名。桃汛时，壶口瀑布水量暴涨，尤为壮观。

病理分析

黄河源：受人类过度放牧影响，黄河源头湿地萎缩，草原退化。

上游：在河套平原等黄河灌溉区，大水漫灌时水中的盐分进入土壤，导致土壤盐碱化。另外，农业污水也对黄河流域的生态造成不好的影响。

中游：黄土高原土质疏松，历史上长期的植被破坏使水土流失加剧。人口的剧增和经济的发展都加剧了黄河的污染。

下游：上游、中游流失的水土在下游淤积，将河道抬高形成地上悬河。

入海口：人类对海岸湿地的过度占用和破坏，导致海水倒灌，土壤盐碱化。

诊断意见：别放弃，齐心协力，还有救！

诊断医师：郝厉害

把黄河的事情办好

面对黄河的疑难杂症，古人是怎么对症下药的呢？

上古组　原始社会时期，人们采用的大多是"疏通为主，围堵为辅"的策略。

战国组　春秋战国时期，人们开始为黄河构筑堤防。黄河频繁改道，所以对堤坝灵活性的要求很高，需要随着黄河改道而变化。

我利用水往低处流的自然规律对黄河进行治理，效果还是非常好的！（大禹）

唉，我以为把洪水堵住就行，结果越堵越凶。（鲧）

禹之治水，水之道也！（孟子）

千里之堤，溃于蚁穴。国家也是如此！（白圭）

开凿鸿沟，引黄河水为源。（魏惠王）

我认为治河有三策。让悬河下游的百姓全部撤离，再引黄河水从北入海，这是"不与水争地"的上策。（贾让）

把多余的洪水引走，拓宽河道，减轻下游河道的泄洪负担，这是"分杀水怒"的中策。

在原来狭窄弯曲的河道上年年进行小修小补，劳费无穷，是最下策。

我们可以修筑双重堤坝，将黄河水从内堤的上游水门放出，经过外堤的阻挡，再通过下游的水门回流到黄河中。（汉哀帝、王景）

妙！这样也能把黄河泥沙截在内外堤之间，缓解地上河抬高。（王吴）

汉代组　筑堤使黄河泥沙沉积在河道中。经过几百年的堆积，到汉代时，黄河已经成为地上河，黄河水患频发。

修筑堤坝、堵塞决口、开挖引流水道等，能想到的办法通通给我用上！

宋仁宗

有一种叫"埽（sào）"的物件，由草绳、树枝、芦荻、土石分层捆束制成，分为三节，可用于护岸、堵口和筑坝。

宋代组

北宋时期，黄河水患加剧，加上北宋都城东京（今河南开封）地处黄河下游，因此朝廷对黄河治理非常重视。

高超

元代组

元代时，大运河与黄河下游相交，黄河一泛滥，运河漕运就会受阻，大都（今北京）立刻就会粮食短缺。因此，治黄保漕是重中之重。

首先疏浚黄河正流河道，然后修复堤防，最后下埽堵塞决口，挽河回故道。

我堵合了黄河泛滥七年的决口，形成一条固定的黄河河道。

贾鲁

在黄河下游两岸修筑坚固的堤防，不让河水分流，加大水流速度，最快把泥沙送入海里，减少泥沙沉积。这就是"束水攻沙"的办法。

"束水攻沙"虽然有效，但还是治标不治本，要想彻底解决黄河水患频发的顽疾，应该阻止黄河泥沙下行。黄河、运河、淮河应该全面规划、统筹治理。

潘季驯

陈潢

没错！建议在宿迁、桃源、清河三县黄河北岸堤内开一条新河，彻底把黄河和运河分开。

靳辅

明清组

明清时期，人们逐渐意识到，黄河水患，害在下游，病在中游，根在泥沙。不解决泥沙淤积问题，再好的防治工程也难以持久。

敢叫河山换新颜

黄河宁，天下平。黄河是中华民族的母亲河，也是世界上最为复杂难治的河流。历代炎黄子孙尝试各种方法，希望能根治黄河水患，但最终都被残酷的现实击败。直到 20 世纪 50 年代以后，一系列水利工程相继建成，才使"黄河宁"的梦想变为现实。

包头市
河口村

万家寨水利枢纽

龙口水利枢纽

三盛公水利枢纽

小浪底水利枢纽

银川市

三门峡水利枢纽

龙羊峡水电站

盐锅峡水电站

柴家峡水电站

青铜峡水利枢纽

西宁市

大峡水电站

桃花峪
郑州市

李家峡水库

积石峡水电站

刘家峡水电站

兰州市

小浪底水利枢纽是黄河流域的关键性控制工程，可以说是黄河的总阀门，控制着约 92% 的黄河流域面积，该枢纽以防洪、防凌、减淤为主，兼顾供水、灌溉和发电等。水库的排沙方式之一是异重流。异重流是指含沙水流进入库区后遇到清水，由于密度差而潜入水库清水下面，形成一股浑水流。利用异重流规律，可以及时打开冲沙闸门，将含沙浑水排出水库，减少淤积。

水库大坝

异重流潜断面

从潜断面开始，库水变成上清下浑

混浊的泥沙水进入

水库清水回流

清水排出口

粗颗粒泥沙淤积成三角洲

小浪底异重流排沙

含有细颗粒泥沙的浑水，由于密度差而潜入清水下面，并沿库底向坝前运动，形成异重流

泥沙水排出口

由于库底水压大，排出水流流速快，故排沙洞设置在大坝底部

小浪底水利枢纽既可以较好地控制黄河洪水，又可以利用其淤沙库容拦截泥沙，进而缓解下游河床的淤积抬高。

小浪底水利枢纽建成后，将黄河下游防洪标准从六十年一遇提高到千年一遇。

在拦河大坝不足 1 平方千米的单薄山体内，布置着大大小小数十个隧洞，泄洪、引水、发电、排沙……不同隧洞有着不同的功能。

除了充分发挥大型水利枢纽工程的作用，在治理黄河方面，中国还做出了很多其他的努力。

黄河治理的核心难题有三个：一是处理和利用黄河的巨量泥沙，这关系到黄河的防洪安全；二是有效解决黄河流域的用水问题，实现社会可持续发展；三是保护和改善黄河的生态环境。

解决这三个问题时应注意：立足自然地理格局，使用科学的方法，对黄河流域的生态进行整体、系统的综合治理。

封育保护

在黄河上游实施封山育林、育草、禁牧、休牧、轮牧等措施，加强原生林草植被和生物多样性的保护，涵养水源，保持水土。

滴灌

植树造林

做好中游水土保持是治理黄河的根本措施，在水蚀、风蚀区域植树种草，打造多树种、多层次的区域性防护林体系，科学有序地推进退耕还林还草，扩大植被覆盖率，有效遏制土地流失和土地沙化问题。

科学灌溉

调整农业结构，如种植耐旱作物。综合使用管灌、喷灌、滴灌等灌溉技术，加速实现农业现代化。

保护水资源

黄河中下游地区人口密集，水污染严重，要努力唤醒公民保护环境与节约水资源的意识。同时，加强工业污水的净化处理，提高水资源的重复利用率。

湿地保护

开展重点河湖、黄河三角洲等湿地的保护与恢复，防止海水倒灌和地下水超采，开展滩涂区的土地综合治理工作。

生态监控

建立健全黄河流域重点警戒动植物疫病疫情监控机制，筑牢生物安全防线，严防疫病疫情传播，防范外来物种入侵。

矿区治理

加快治理历史遗留的废弃矿山，进一步修复生态。

南水北调

南水北调的西线工程从长江水系调水入黄河上游地区，其供水目标是解决黄河中上游地区和渭河平原的缺水问题。

生态经济

黄河流域拥有多样的自然景观、多彩的民族文化和鲜明的地域特色，适合发展生态旅游，实现文化遗产传承保护。

文明的印记

元宵节（九曲黄河灯俗）

流传于青海省乐都县（今乐都区）。当地人元宵节时会举办黄河灯会，灯会的全名为"九曲黄河灯阵"。

唐三彩烧制技艺

洛阳牡丹花会

洮（táo）砚

中国四大名砚之一。

洛阳宫灯

秦腔

唢呐

蒙古族拉弦乐器制作技艺

蒙古族拉弦乐器包括马头琴和四胡等。

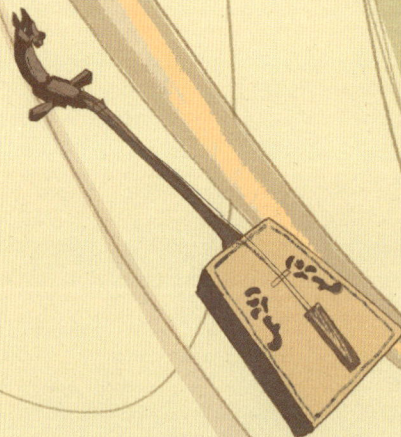

太极拳

黄河浩浩荡荡，不仅诞生了雄浑壮阔的山河风物、辉煌灿烂的思想文化，还孕育了如明珠般散落在流域中的非物质文化遗产。祖先用智慧创造的这些"明珠"，正是中华文明一步步走来的闪亮印记，值得我们用心守护。

少林功夫

那达慕

砖雕

花儿会

流传于青海、甘肃和宁夏地区的民间歌会。

夜光杯雕

安塞腰鼓

面花（面塑）

江河号子（黄河号子）

狮舞

青海湖祭海

环青海湖地区规模最大的民间祭海活动，已有上千年的历史。

蒙古族呼麦

歌手利用自己的发声器官，在同一时间里唱出两个声部的演唱形式。

木偶戏

图书在版编目（ＣＩＰ）数据

厉害了！万里黄河 / 洋洋兔编绘 . —— 北京 : 科学
普及出版社 , 2024.6
ISBN 978-7-110-10554-2

Ⅰ . ①厉… Ⅱ . ①洋… Ⅲ . ①黄河 – 国家公园 – 通俗
读物 Ⅳ . ① S759.992-49

中国国家版本馆 CIP 数据核字 (2023) 第 036935 号

策划编辑　李　睿
责任编辑　郭　佳　李　睿
图书装帧　洋洋兔
责任校对　吕传新
责任印制　徐　飞

出　　版　科学普及出版社
发　　行　中国科学技术出版社有限公司
地　　址　北京市海淀区中关村南大街 16 号
邮　　编　100081
发行电话　010-62173865
传　　真　010-62173081
网　　址　http://www.cspbooks.com.cn

开　　本　889mm×1194mm　1/12
字　　数　100 千字
印　　张　5 $\frac{1}{3}$
版　　次　2024 年 6 月第 1 版
印　　次　2024 年 6 月第 1 次印刷
印　　刷　河北朗祥印刷有限公司
书　　号　ISBN 978-7-110-10554-2/S · 582
定　　价　78.00 元